FILHOS: QUANDO EDUCÁ-LOS?

JAMES B. STENSON

FILHOS: QUANDO EDUCÁ-LOS?

3ª edição

Tradução
Roberto Vidal da Silva Martins

QUADRANTE

São Paulo

2022

Título original
Preparing for peer pressure: a guide
for parents of young children

Copyright © Scepter Booklets, New York

Capa

Gabriela Haeitmann

Dados Internacionais de Catalogação na Publicação (CIP)

Stenson, James B.

Filhos: quando educá-los? / James B. Stenson; tradução de Roberto Vidal da Silva Martins. – 3ª edição – São Paulo : Quadrante, 2022.
ISBN: 978-85-54991-60-9

1. Educação 2. Crianças 3. Pais e filhos I. Título

CDD-370.649

Índice para catálogo sistemático:

1. Educação : Pais e filhos 370.649

Todos os direitos reservados a
QUADRANTE EDITORA
Rua Bernardo da Veiga, 47 - Tel.: 3873-2270
CEP 01252-020 - São Paulo - SP
www.quadrante.com.br / atendimento@quadrante.com.br

Sumário

Introdução, 7

O maior problema:
pensar no futuro, 15

A formação do caráter:
um breve esboço, 23

A vida familiar, 29

Modelos de deformação, 43

Em resumo: que fazer?, 65

Introdução

Seja-me permitido dizer, para começar, o que este caderno *não é*. Não é um manual de instruções que estabeleça regras de procedimento para pais com filhos em idade escolar; e também não é um tratado sobre a «educação de adolescentes», isto é, sobre o que deve ser-lhes permitido ou proibido, os horários que devem seguir, qual o modo de enfrentar os becos sem saída da «cultura do rock e da droga», e temas do gênero.

Esses problemas não passam de uma parte da pergunta mais essencial e, às vezes, mais urgente que inúmeras famílias têm de enfrentar: Como podem os pais guiar e formar de maneira efetiva os filhos jovens, que dispõem de quase todas as potencialidades dos adultos, mas encontram-se quase que totalmente desprovidos de maturidade nos juízos e de um sentido de responsabilidade sério?

Os pais com filhos adolescentes necessitam de que o tema seja tratado de forma mais ampla do que é possível nestas poucas páginas. Precisam de um livro, ou até de vários. Ou ainda, de um ponto de vista prático, talvez o que mais os ajude seja travar amizade com casais de mais idade que possam aconselhá-los de maneira concreta, com base na experiência que tiverem acumulado no relacionamento com adolescentes. Esses conselheiros devem ser pessoas que realmente tenham educado bem os seus filhos, isto é, pais cujos filhos se tenham tornado homens e mulheres maduros e responsáveis, que vivem de acordo com os princípios cristãos.

Se perguntarem a essas pessoas (como eu o fiz) como conseguiram fazer face à influência negativa que o ambiente exercia sobre a escala de valores dos seus filhos, perceberão um elemento que se repete: começaram a formá-los desde que eram pequenos. Quando os filhos ainda eram crianças e estudavam no primeiro grau, estabeleceram-lhes um plano claro de educação da conduta e de disciplina, de maneira que foram formando-lhes a consciência e o caráter com plena deliberação. Esta pauta de ação firme e inteligente permitiu-lhes orientar a vida dos filhos ao longo dos anos da adolescência. É evidente que tiveram os seus problemas com eles, mas as crianças chegaram à idade adulta com os valores fundamentais intactos. Como homens e mulheres maduros, sabem agora honrar os seus pais – como Deus nos manda a todos –, vivendo coerentemente segundo esses princípios.

Este caderno dirige-se, pois, aos pais jovens, aos que têm filhos com menos de 12 anos. Esses casais devem sentir desde já a preocupação de que os seus filhos venham a tornar-se adultos responsáveis: nunca é demasiado cedo para isso. A felicidade dos seus filhos dependerá, em boa parte, de que aprendam a mover-se com segurança num ambiente descristianizado, de permissivismo sexual e de busca desenfreada do prazer. A luta contra as forças do materialismo deve começar muito antes de se iniciar o assalto da puberdade, como muitos pais tiveram de comprovar tarde demais, para sua infelicidade. A negligência na tarefa de educar durante a infância pode trazer consigo consequências muito sérias e até trágicas.

Os casais jovens precisam, portanto, de uma estratégia a longo prazo para a educação dos seus filhos, e este caderno visa ajudá-los a elaborar essa estratégia ou, pelo menos, encaminhá-los com firmeza nessa direção.

A formulação de qualquer estratégia começa, normalmente, por umas poucas questões bem definidas: Onde estamos neste momento? Aonde queremos chegar? Qual é o melhor modo de alcançarmos esse objetivo?

Estas páginas não fornecerão respostas fáceis a essas perguntas. Tais respostas não existem. O que esperamos é proporcionar algum material que estimule os pais a refletir e a perguntar. Já se disse que, quando se formulam perguntas concretas e bem pensadas, as respostas surgem por si mesmas. E a minha experiência de educador confirma que os pais têm de pensar neste assunto muito mais do que costumam, e têm de fazê-lo em comum. Que tipo de homens e mulheres querem que os seus filhos cheguem a ser? Que é preciso fazer *agora* para conseguirem que esse ideal – com a ajuda de Deus – seja uma realidade?

Acabei de referir-me à minha experiência, e gostaria de explicar-me um pouco a este respeito. Trabalhei durante vinte anos como diretor e professor de um colégio. Essa circunstância levou-me a conhecer centenas de famílias, muitas vezes de forma bastante íntima. Pude conversar exaustivamente com pais, jovens, sacerdotes, professores, tutores e orientadores. Os meus colegas e eu vimos centenas de jovens passarem da infância para a maturidade. Uns desenvolveram-se muito bem, mas outros tiveram de enfrentar problemas muito sérios e até dramáticos nas suas vidas. Em algumas poucas famílias, podia-se perceber desde cedo que as crianças viriam a ter dificuldades graves mais tarde, e todos os sinais de perigo confirmavam-se efetivamente na crise da adolescência.

Em resumo, vimos pais cometerem um sem-número de erros graves, quase sempre por negligência ou imprevidência. E é esta experiência dos erros alheios que forma o material de base das páginas que se seguem. As ideias e observações que passamos a expor constituem, pois, o resultado do trabalho e das preocupações de muita gente de critério, e esperamos que os pais se beneficiem daquilo que um dia aprendemos.

Se as observações que se fizerem aqui tiverem um certo tom negativo, é por duas boas razões. Em primeiro lugar, o problema é urgentemente sério, e a nossa exposição pretende ser antes de mais nada uma advertência. Em segundo lugar, os critérios negativos permitem uma liberdade de ação maior. Não se pode formular uma receita clara e precisa de como educar bem os filhos, pois não há duas famílias que sejam exatamente iguais. Mas é muito útil saber o que se deve evitar. Ao planejar-se uma longa viagem (no nosso caso, ao elaborarmos a estratégia da ação educativa), é preciso ter conhecimento dos escolhos, dos obstáculos e dos becos sem saída. Infelizmente, estas dificuldades são muito frequentes na vida familiar de hoje, e por isso é preciso aprender com os erros alheios, ou pelo menos desejar fazê-lo. Já é uma ótima contribuição para a futura felicidade dos filhos.

O maior problema: pensar no futuro

Se consultarmos adultos que se ocupam profissionalmente dos problemas dos jovens – professores, orientadores escolares dos cursos secundário e superior, sacerdotes, conselheiros matrimoniais, especialistas na reabilitação de drogados –, muito provavelmente descobriremos que todos estão de acordo quanto ao problema fundamental que acossa a vida dos jovens atribulados. Eles nos dirão que os pais desses jovens que lhes passaram pelas mãos eram pessoas ignorantes, se não ingênuas, no que diz respeito à envergadura e à magnitude das forças que se oporiam aos valores que os seus filhos teriam de defender durante a adolescência. Por isso, ainda que tivessem alimentado, vestido e cuidado dos seus pequenos, pouco ou nada fizeram para fortalecer-lhes o *caráter*. E como faltou a esses jovens isso que se chama força de caráter, tornaram-se um joguete à mercê de influências estranhas à família.

Não é difícil perceber por que os pais de hoje costumam carecer dessa capacidade de previsão. Um lar com crianças pequenas é um lugar muito agitado, onde mal se consegue o tempo necessário para pensar seriamente em qualquer assunto a longo prazo. Fazer as compras, calcular as despesas mensais, acompanhar as lições de casa dos filhos, levar a cabo as tarefas domésticas, preencher os feriados, levar e trazer as crianças de um lado para outro, observar um horário estrito – todas essas atividades impedem facilmente a reflexão. E as crianças estão ocupadas de forma tão feliz e encantadora nas suas brincadeiras inofensivas que é difícil imaginá-las, quinze ou vinte anos depois, como adultos, às voltas com sérios problemas pessoais e até, como é cada vez mais provável, às voltas com o divórcio. A nossa experiência indica que os pais quase nunca consideram a elevada probabilidade de que os seus filhos venham a divorciar-se algum dia. Os *seus* filhos, não os dos outros.

As estatísticas dão que pensar. Convém consultar rapidamente os números e traduzi-los em termos concretos. Imaginemos por um momento o pátio de um colégio repleto de umas quinhentas crianças, dedicadas alegremente aos seus jogos; entre elas, encontram-se os nossos filhos. Correm e riem, jogam bola e pulam corda. Ora, se as estatísticas atuais podem aplicar-se aos próximos vinte anos – e não há razão para prever outra coisa –, acontecerá o seguinte com essas crianças:

* 60% abandonarão por completo a prática religiosa; não terão fé alguma para transmitir aos seus filhos, aos nossos netos;

* 100% terão estado expostas a uma pornografia socialmente aceita, com tudo o que

isso traz consigo quanto ao respeito pelo sexo oposto e à santidade do matrimônio;

* 60 a 70% terão tido experiências pré-matrimoniais;

* 20 a 40% terão vivido em concubinato antes do casamento;

* 100% terão sido ativamente induzidas a experimentar drogas alguma vez durante o tempo de colégio ou de Universidade;

* pelo menos 10% enfrentarão sérios problemas de dependência do álcool ou de drogas;

* 10 a 20% sofrerão graves problemas psicológicos, especialmente depressões clínicas;

* um certo número dos que tiveram problemas de dependência ou depressão cometerá suicídio – um número estatisticamente pequeno, mas uma tragédia devastadora para os familiares que deixam para trás;

* 50%, ou seja, a metade dessas quinhentas crianças, estarão divorciadas por volta dos trinta anos.

Interroguemos qualquer profissional que trabalhe com estes problemas, e dir-nos-á

O MAIOR PROBLEMA: PENSAR NO FUTURO

o mesmo: cada um dos jovens perturbados que já encontrou, cada um dos que aos vinte anos têm graves problemas interiores, foi um dia uma criança ativa e despreocupada, que brincava feliz no pátio de um colégio. Mas as raízes dos seus problemas já então estavam presentes.

O que os pais parecem não compreender é que as futuras dificuldades dos seus filhos – dificuldades com a fé, a moral e a estabilidade matrimonial – não surgem da noite para o dia. Aliás, sem sombra de dúvida, não surgem somente por causa das influências subversivas do ambiente. O que se faz ou se deixa de fazer na infância influi *diretamente* na maior ou menor capacidade que as crianças terão de resistir à pressão do materialismo, à tentação de abandonarem os valores cristãos e adotarem uma visão negativa da vida.

Em que consiste esse materialismo que acabamos de mencionar? Em poucas palavras, na ideia de que o homem não passa de uma *coisa*. A finalidade da vida, para quem pensa assim, reduz-se a obter o máximo de prazer e a evitar a dor. Os valores espirituais, em que se incluem os direitos de Deus e a dignidade inerente às outras pessoas, não passam de ilusões, de estruturas criadas pelo homem, de simples convenções sociais. Os outros podem, portanto, ser tratados como coisas. Não há vida depois da morte, e por isso não há prestação de contas final sobre o modo como se tenha vivido.

Estas ideias raramente são articuladas de forma tão crua, mas estão implícitas no ambiente que nos circunda. Exercem uma influência ampla e crescente na vida familiar das sociedades ocidentais. Constituem o meio em que as crianças de hoje se encontram mergulhadas.

Ao entrarem na adolescência, as crianças passam a ter ao seu alcance oportunidades virtualmente ilimitadas de prazer, poder e escapismo. A tendência natural para o conformismo é tão forte, e a tentação de ceder tão poderosamente sedutora, que os jovens têm de possuir uma enorme força de vontade para poderem resistir. Por outro lado, as próprias pressões do ambiente só obtêm êxito permanente quando encontram pela frente um vazio no íntimo do caráter dos jovens.

O problema da pressão negativa do ambiente, portanto, não consiste unicamente em evitar as «más companhias», o que, aliás, é praticamente impossível nos nossos dias. A pergunta-chave é, na realidade, esta: *Por que um jovem é irresistivelmente atraído por essas companhias e não por outras?*

Alguns adolescentes rendem-se às influências, outros resistem-lhes ou ignoram-nas. Qual a diferença essencial entre os dois grupos? Segundo a nossa experiência, é simplesmente a *força de caráter.*

Uma consciência bem formada, uma fé religiosa sólida, um relacionamento com Deus repleto de oração, a confiança na capacidade de critério dos pais, um hábito de autodomínio (saber dizer «não» aos próprios caprichos) formado ao longo de toda uma vida, o respeito pelos direitos dos outros – todas essas características fortalecem a vontade de um jovem e ajudam-no a resistir. Conduzem-no, em último termo, à felicidade e ao verdadeiro êxito na sua vida.

Contudo, para falar com clareza, inúmeras crianças estão crescendo hoje sem cultivar esses traços. E a minha experiência demonstra que os pais que não se esforçam conscientemente – através da palavra e do exemplo – por ensinar os seus filhos a adquirir esse perfil, podem estar certos de que os esperam graves preocupações no dia de amanhã.

A formação do caráter:
um breve esboço

Comecemos por esclarecer um pouco o significado das palavras «caráter» e «formação» aqui empregadas.

Esqueçamos por uns instantes os sentimentos de ternura que as crianças despertam em todos nós. É muito fácil enternecer-se com a sua encantadora simplicidade. As suas jovens vidas inocentes têm um imenso atrativo, chegando a despertar inveja, e fazem-nos desejar que permaneçam sempre assim, tão felizes. Os fortes instintos paternais de protegê-las e alimentá-las sensibilizam-nos em extremo para as suas lágrimas, penas e desencantos.

Mas, para encararmos o futuro dessas crianças com realismo, devemos ser mais objetivos. Temos que olhar para a sua natureza tal como é, e contemplar sem paixão o que lhes pode acontecer.

Falando de um modo realista, as crianças estão essencialmente centradas em si mesmas, são pequenos seres preocupados unicamente consigo próprios, entregues por completo à satisfação dos seus apetites e inclinações, e que procuram, sempre que é possível, impor a sua vontade àqueles que têm à volta. Por natureza, querem receber, e não dar. Não há dúvida de que exercem essa manipulação com graça e doçura, mas a verdade é que o interesse pessoal está sempre presente nas suas ações.

«Formação» é tudo aquilo que os pais fazem e dizem para evitar que os seus filhos cresçam desse modo. Deve-se ensinar as crianças a dizer «muito obrigado», a dizê-lo depois *conscientemente*, e mais tarde a dar os bens que possuem com generosidade. Deve-se formá-las pacientemente, na teoria e na prática, até que se tornem pessoas mais inclinadas a dar do que a receber. Em outras palavras, *formar* é educar para os valores e para o fortalecimento do caráter.

Este processo não se desenvolve de maneira espontânea. Precisa de alguém que o realize. A experiência acumulada pelo gênero humano nesta matéria não poderia ser mais contundente: quando não se educam as crianças na firmeza do caráter – tarefa que compete aos pais, à escola e à sociedade –, elas crescem em tamanho, mas nunca deixarão de ser uma versão em ponto maior do que eram quando pequenas. Continuarão a ser egocêntricas, dominadoras, preocupadas em satisfazer apenas os seus desejos, e mais ou menos irresponsáveis.

Visto por outro ângulo, o caráter é a soma total daquilo que a civilização cristã sempre chamou *virtudes*: fé, esperança, caridade, prudência, justiça, fortaleza e temperança, das quais derivam todas as demais: piedade, laboriosidade, honestidade, lealdade, etc. Talvez já não utilizemos mais estes termos hoje em dia, mas o senso comum permite-nos compreender o que significam. Esses sete traços compõem a estrutura de uma personalidade bem constituída, e serão úteis para avaliarmos em que situação se encontra a formação do caráter das crianças. Especifiquemo-los um por um:

* *Fé*: crer em Deus e em todas as coisas que Ele nos ensina através da sua Igreja.

* *Esperança*: confiar em que Deus nos dará os meios para a nossa salvação eterna. (Para os cristãos, a esperança tem por símbolo a *âncora*, pois é uma virtude que nos mantém firmes ao longo das tempestades da vida).

* *Caridade*: amor a Deus e a todos os homens. O amor a Deus é o princípio «número um» da vida, e é ele que dá sentido a todos os outros amores e atrações.

* *Prudência*: julgar com retidão e ter capacidade para discernir as coisas importantes da vida: saber distinguir o bem do mal, a verdade da mentira, o essencial do acidental, o eterno do transitório. Uma consciência bem formada baseia-se na prudência.

* *Justiça*: ser responsável; dar a cada um o que lhe é devido, começando por dar a Deus o que é de Deus.

* *Fortaleza*: ter firmeza pessoal; ter capacidade de suportar e superar a dor, os contratempos, os obstáculos e os malogros.

* *Temperança*: autodomínio; capacidade de vencer os caprichos e comodismos em busca de bens mais elevados; utilizar moderada e razoavelmente os bens materiais; ter um domínio racional dos sentimentos.

Todos nós reconhecemos uma pessoa de caráter quando a encontramos. É o caráter que nos faz respeitá-la e admirá-la. Ao contrário do que muitos pais imaginam, porém, as virtudes que estruturam o caráter não se desenvolvem na vida dos filhos sem ajuda externa e por si sós. São necessários muitos anos de ensino consciente e de treinamento prático para construir um caráter. Sem esta preparação para a vida, não se pode esperar que as crianças que chegam aos 14 anos saibam proteger-se eficazmente dos ataques contra a sua fé, a sua castidade e os seus desejos de levar uma vida reta e honesta. Simplesmente não possuirão defesas.

A vida familiar

Muitíssimos jovens são capazes de adquirir, e efetivamente adquirem, essas virtudes do caráter. Os meus colegas de magistério e eu conhecemos um grande número de adolescentes e jovens responsáveis, prudentes, autodisciplinados, seguros de si e profundamente religiosos. São rapazes e moças do tipo que todos os pais gostariam de ter como maridos e esposas dos seus filhos no futuro. (Embora os pais nem sempre tenham uma ideia muito nítida de como serão os seus filhos quando adultos, costumam ter padrões de exigência elevados quanto aos seus futuros genros e noras. Seja como for, não é má maneira de avaliar os jovens – desde que se comece com os próprios filhos).

Voltando à nossa experiência, aqueles jovens de que falava nasceram quase invariavelmente em famílias cujos pais (ou às vezes somente a mãe ou somente o pai) possuíam uma série de virtudes: convicções religiosas profundas, alicerçadas numa vida de fé levada a sério; preocupação ativa com a formação da consciência moral e do caráter dos filhos; espírito de sacrifício, que os filhos percebiam; conhecimento do ambiente em que os filhos cresciam; fortaleza e autoconfiança, que os filhos admiravam e queriam imitar; temperança, que preservava os membros da família de viverem como meros «consumidores».

Mas os meus colegas e eu vimos também a outra cara da moeda. Vimos jovens serem vencidos pelos atrativos do materialismo. Vimos jovens perderem a fé e o sentido da vida, e mesmo enfrentarem graves conflitos conjugais. Vimos jovens envolvidos em trágicos acidentes de trânsito porque dirigiam bêbados, jovens viciados em tóxicos, e alguns que chegaram ao suicídio.

Obviamente, não seria justo responsabilizar a vida familiar por todos esses problemas. As forças do materialismo são tão poderosas, e os jovens com frequência tão indefesos, que os desastres podem acontecer em qualquer lugar. Nas décadas de 1960 e 1970, especialmente, o clima de irreligiosidade e de hedonismo institucionalizado cresceu tão rapidamente que apanhou os pais completamente de surpresa. Os filhos entregavam-se a essas forças antes de que os pais tomassem consciência do que estava acontecendo.

No entanto, hoje é possível afirmar com segurança que os jovens negativamente afetados pelo ambiente (isto é, os jovens de personalidade fraca) cresceram geralmente em famílias que apresentavam certos traços em comum. O grande número de semelhanças observado nos ambientes familiares desses jovens problemáticos permite-nos fazer aqui algumas generalizações qualificadas. De acordo com a nossa experiência, as dificuldades que determinadas crianças experimentarão quando chegarem à adolescência podem ser previstas de antemão (não com certeza absoluta, mas com grande probabilidade). Quais são, pois, alguns desses *sinais de perigo* que se podem observar no ambiente familiar?

* Os pais rendem-se com facilidade e habitualmente aos desejos e caprichos dos filhos, mesmo quando acham que podem estar cometendo um erro. Permitem-lhes frequentemente o que, no fundo, não aprovam. As crianças, desse modo, aprendem a antepor os seus desejos aos ditames da consciência e os seus gostos tornam-se a sua norma de ação.

* As crianças mostram um baixo nível de resistências às contrariedades e incomodidades, e têm autêntico pavor da dor física. Basta-lhes reclamar e suplicar para conseguirem fugir das obrigações desagradáveis: aulas de música, excursões, deveres escolares, consultas ao dentista, etc. (Um dado histórico: quando criança, Beethoven odiava estudar piano; foram os seus pais que o obrigaram a continuar).

A VIDA FAMILIAR

* As crianças dispõem de muito dinheiro para gastar. Costumam esbanjá-lo em refrigerantes, doces e sanduíches. Podem comprar o que querem e quando querem, e assim o fazem efetivamente.

* Os pais limitam-se aos menores sacrifícios possíveis em matéria de prática religiosa. Se a família vai à igreja regularmente, fá-lo por rotina. Reza-se pouco ou nada em casa, e não parece que haja ali amor a Deus. As crianças não veem os pais viverem com sentido de responsabilidade uns princípios morais claramente definidos e interiores. Aos olhos dos filhos, os pais não parecem comprometidos com *nada*, exceto talvez com o cumprimento inexorável de uma agenda repleta de horários apertados.

* Os membros da família vestem-se bem para uma festa e para receber visitas, mas não para ir à igreja.

* O pai, em particular, não é uma figura com força moral dentro de casa. Transfere «os assuntos das crianças» para a mulher. Os filhos veem-no ocupado quase que exclusivamente em atividades de lazer ou nos pequenos consertos da casa. Não manifesta um claro respeito e gratidão pela mulher. (Aliás, a experiência demonstra que as atitudes dos filhos para com cada um dos pais refletem o modo como marido e mulher se tratam mutuamente; elas respeitam pouco os pais que também se respeitam pouco).

* As crianças praticamente desconhecem a história pessoal dos pais, e não sabem nada a respeito dos seus avós. Mal sabem onde o pai trabalha.

* As conversas à mesa versam quase sempre sobre os gostos pessoais (comida, diversões, TV, etc.), ou caem em mexericos e críticas negativas sobre outras pessoas. Não se reza antes das refeições.

* As crianças mostram pouco ou nenhum respeito pelas pessoas estranhas à família: visitas, amigos dos pais, professores, vendedores, pessoas mais velhas. É preciso lembrar-lhes continuamente as boas maneiras; o «por favor» e o «muito obrigado» não são palavras habituais no seu vocabulário. No

A VIDA FAMILIAR

Natal, lançam-se com sofreguidão sobre a pequena montanha de presentes, mas não agradecem por carta ou pessoalmente aos parentes que os enviaram.

* Queixam-se continuamente de situações que não se podem evitar: do mau tempo, dos atrasos explicáveis, das incomodidades físicas, das diferenças de temperamento, etc. A palavra que mais se ouve sair das suas bocas nessas ocasiões é que tudo é «chato». Já que o seu dia a dia é mais planejado do que orientado, estão acostumadas a ter os seus problemas resolvidos pela excessiva solicitude dos adultos. Aprendem, assim, a *escapar* dos problemas, ao invés de resolvê-los; a evitar as incomodidades, ao invés de enfrentá-las. (Habituadas a fugir, correrão no futuro o risco de enveredarem pelo álcool, pelos tóxicos e pelo divórcio, que são eficientes válvulas de escape).

* Ironicamente, as crianças pagam com atitudes de pouco respeito todos os esforços que os pais fazem para tornar a casa confortável. Consideram os pais «bons», e na maior parte das vezes admitem que «gostam» do pai e da mãe. Mas simplesmente não veem que eles sejam pessoas fortes e, por isso, não os admiram. Quando lhes perguntam quem elas admiram *de verdade*, desfiam uma enorme lista de artistas, especialmente cantores de rock. (Em contrapartida, as crianças dotadas de um caráter forte alimentam invariavelmente uma grande admiração pelos pais).

* As crianças não cultivam nenhum passatempo sério, exceto ver televisão ou ouvir música. Têm o pensamento dominado pela cultura televisiva. Sabem de cor os diálogos de uma dúzia de comerciais, mas não sabem os Dez Mandamentos.

* Os pais assistem à televisão indiscriminadamente. Permitem dentro de casa os chamados «divertimentos para adultos», em particular através do computador ou da televisão a cabo. Embora possam restringir mais ou menos o acesso das crianças aos programas com cenas de pornografia «leve», não há dúvida de que introduzem dentro do lar uma mensagem ética muito forte e perigosa para os filhos: «Quando vocês forem cresci-

dos, tudo será lícito». O sexo como diversão, portanto, não é encarado como algo objetivamente errado para qualquer pessoa, mas simplesmente como impróprio para as crianças. A dicotomia bem-mal torna-se assim uma questão de idade.

* As crianças (sobretudo as mais crescidas) constroem as suas opiniões baseando-se quase sempre em impressões vagas. Deixam-se arrastar facilmente pelos apelos emotivos e pelas aparências superficiais. Não sabem reconhecer as armadilhas que lhes estendem as propagandas ideológicas, políticas e comerciais.

* As crianças nunca perguntam «Por quê?», a não ser para desafiar as indicações da autoridade legítima. São intelectualmente amodorradas, mostrando pouca curiosidade positiva pelos acontecimentos que se desenrolam fora do universo família-escola. Nos deveres do colégio, costumam escrever com uma ortografia incorrigivelmente pobre, isto é, são desleixadas no seu trabalho e não levam a sério quaisquer correções.

* As crianças estão pouco ou nada preocupadas em evitar à família uma situação embaraçosa. Não cultivam o sentido da «honra familiar». Se o seu modo de vestir-se e de comportar-se fora de casa envergonha os pais, pior para os pais.

* O pior castigo que os filhos recebem em casa é um «sermão» longo e aborrecido, ou uma «reprimenda» moderadamente desagradável. Por outro lado, os castigos são incoerentes, não têm consistência pela sua pouca severidade ou pelo modo como são aplicados.

* As crianças têm pouca noção do tempo. Raramente precisam *esperar* para obter algo, e muito menos fazer alguma coisa para *merecê-lo*. O modo de preverem o tempo necessário para terminar uma tarefa não condiz com a realidade: calculam-no por cima ou por baixo. Adiam indefinidamente deveres que exigem muito tempo, e veem como monstruosas pequenas tarefas. Quase não compreendem o significado dos prazos nem sabem trabalhar com regularidade dentro de um horário pessoal.

Este ponto é muito importante: a administração do tempo é, afinal, um modo de expressar o autocontrole. As crianças excessivamente controladas podem crescer sem tomar contacto com a realidade. Sem conhecerem as forças de que dispõem para enfrentar os problemas, sentem-se inseguras e fogem cada vez mais das responsabilidades. A longo prazo, as consequências podem ser desastrosas, em particular no que diz respeito à paz e à estabilidade da futura vida conjugal.

Não se deve concluir da descrição que acabamos de fazer que as crianças que correm o perigo de serem mais influenciadas pelo ambiente são todas elas pirralhos arrogantes e presunçosos, presas óbvias do materialismo. Não é esse o caso.

Mais frequentemente, as crianças nascidas nesse tipo de família aparentam o contrário. Caracterizam-se por apresentar-se alegres e bem vestidas; são agradáveis no trato, sorridentes, e dedicam-se a muitas atividades (mas somente àquelas de que gostam). São afetuosas, sentimentais, e mostram-se ansiosas por agradar (até certo ponto); costumam ter sentimentos afáveis. Gostam de sentir-se queridas, e é isso o que afinal esperam. Parecem acostumadas a tratar os adultos como iguais, e por isso demonstram um ingênuo desconhecimento das boas maneiras. Salvo algumas exceções problemáticas, parecem não ter preocupações. E, sem dúvida, na sua maioria não as têm.

Contudo, falta alguma coisa no interior destas crianças tão agradáveis, e isso torna-se mais evidente à medida que se aproximam da adolescência. Onde devia haver uma consciência firme, há um emaranhado de sentimentos vagos. Onde devia haver uma vontade forte, deparamos com reações que variam conforme os estímulos externos. Onde devia haver um certo desejo de assumir as responsabilidades próprias do adulto, observamos uma certa esperança – até uma autêntica expectativa – de que os divertimentos da infância se prolonguem indefinidamente. Onde devia haver força de caráter, descobrimos apenas uma criança vulnerável, destinada a ter problemas.

Modelos de deformação

O perfil que acabamos de esboçar (do que poderíamos chamar um «lar deformador») é mais um esquema do que uma descrição completa. Não existem duas famílias exatamente iguais, e podem surgir problemas onde menos se espera. Muitas famílias firmemente unidas e piedosas experimentaram sérias dificuldades com os seus filhos. E, em contrapartida, moças e rapazes criados em lares confortáveis passaram muito bem pela adolescência. Sempre há exceções, quando generalizamos em temas relacionados com a vida humana.

No entanto, as características acima delineadas têm reaparecido com tanta frequência na história de muitos jovens problemáticos, que somos obrigados a reconhecer uma relação de causa e efeito.

O que houve de errado nas suas famílias? Por que tantas dessas crianças que provinham de ambientes familiares confortáveis e de lares com uma certa vida religiosa acabaram por cair tão facilmente no materialismo? Poderíamos identificar um modelo de erros cometidos pelos pais dessas crianças?

Os meus colegas e eu pensamos que tal modelo existe. Estamos convencidos de que muitos pais cometem por inadvertência graves e contínuos erros que provocam diretamente nos seus filhos uma série de deformações. Especifiquemo-los brevemente:

1. *Os pais simplesmente não pensam o suficiente sobre que tipo de homens e mulheres desejariam ver os seus filhos tornar-se.*

Quando planejam o futuro dos filhos, os seus pensamentos concentram-se fundamentalmente (na realidade, quase de modo exclusivo) no colégio e na carreira profissional.

Pensam no que os seus filhos *farão*, não no tipo de pessoas que *serão*.

Até a primeira metade do nosso século, os pais não se preocupavam muito com o encaminhamento profissional dos filhos. Aliás, durante séculos, os pais sabiam de antemão o que os seus filhos fariam na vida: trabalhariam naquilo em que eles próprios trabalhavam. Os filhos do fazendeiro seriam fazendeiros, os filhos do sapateiro seriam sapateiros, os filhos do advogado estudariam direito. Quanto às filhas, certamente seriam prendadas donas de casa. De vez em quando, havia exceções, é claro. Mas, na grande maioria dos casos, a trajetória profissional dos filhos estava razoavelmente definida e não havia por que alimentar dúvidas a esse respeito.

Em consequência, quando os pais de antigamente pensavam no futuro dos seus filhos, concentravam o pensamento no problema do *caráter*: o nosso filho será uma pessoa digna e respeitada pela sua integridade, pela sua dedicação ao trabalho, pelas suas responsabilidades de cidadão e de sustentáculo da família? Contribuirá para honrar o nome dos seus pais? A nossa filha será uma mulher modesta e casta, e dar-nos-á netos que alegrem a nossa velhice? Todos os nossos filhos casarão bem? Algum dos nossos filhos descobrirá, com a graça de Deus, ter sido chamado a servir a Igreja com uma vocação específica?

Estas e outras perguntas semelhantes definiam o tipo de educação, correção e autodisciplina que se imporia no lar. Já que a vida implicava tantos riscos, e os sofrimentos patenteavam as limitações humanas, fazia parte essencial do espírito familiar uma firme confiança em Deus. A família rezava junta.

Como observamos anteriormente, e como todos podemos comprovar olhando à nossa volta, esta mentalidade já não é comum entre os pais dos nossos dias. Hoje, os pais pensam na carreira profissional dos filhos e nos meios educativos mais adequados para atingirem esse objetivo. Refletem pouco sobre as virtudes que os seus filhos devem possuir: o autodomínio, a força de vontade, a confiança em si próprios, as convicções religiosas, a obrigação de serem castos, etc. Refletem pouco sobre como esses traços afetarão a estabilidade e a felicidade da futura vida conjugal dos seus filhos.

A ironia desta preocupação deslocada (que qualquer psiquiatra e conselheiro matrimonial confirmará) é que os sérios problemas pessoais enfrentados pelos jovens quase nunca estão diretamente relacionados com o trabalho. Há muitos jovens que encontram um bom emprego, que alcançam êxito e conseguem bons salários, mas cujas vidas pessoais são um fracasso. A infelicidade das pessoas raramente procede de complicações surgidas no trabalho. Na realidade, o normal é que aconteça justamente o contrário: são os defeitos do caráter (consumo de drogas, depressões psíquicas, problemas conjugais) que afetam negativamente o cumprimento dos deveres profissionais. Tudo leva a crer que o caráter é mais importante do que a carreira profissional.

É muito estranho que os pais pensem tão pouco no futuro casamento dos seus filhos.

Como vimos antes, dificilmente imaginam o divórcio como um perigo claro e altamente provável para a felicidade dos seus filhos, sem falar da sua própria. No entanto, a realidade é dura: se os seus filhos se divorciarem, vocês poderão ficar permanentemente afastados dos seus netos. Os tribunais não se importam muito com o direito de visita dos avós.

Os pais que continuam empenhados em formar o caráter dos filhos (e são muitos os que o fazem), geralmente educam-nos muito melhor. Têm uma ideia, ou melhor, têm uma série de ideais sobre o amadurecimento do caráter dos seus filhos. Querem que eles se tornem pessoas fortes – firmes na fé cristã, firmes nos seus juízos, firmes no seu sentido de responsabilidade. Embora este processo educativo traga problemas e implique um trabalho árduo, vale a pena. Vale a pena porque os filhos saberão resistir às pressões do ambiente que destruiriam os valores familiares. Em geral, salvo pouquíssimas exceções, esses filhos crescem de acordo com o que se espera deles. Tornam-se homens e mulheres dignos e responsáveis, que vivem os princípios inculcados pelos seus pais.

Quando Deus chamar os pais à sua presença, quererá saber como cumpriram as suas obrigações. Perguntar-lhes-á até que ponto ensinaram os filhos a conhecê-lo, amá-lo e servi-lo. Não lhes perguntará em que faixa de imposto de renda estão, nem qual foi o resultado do vestibular...

2. *Os pais parecem não perceber o mal que a longo prazo podem causar aos filhos, pela indulgência em satisfazer-lhes os caprichos.*

Muitos pais dificilmente captam que o «*não*» é também uma palavra de amor. O certo é que as crianças devem escutá-la de vez em quando. Se os filhos não experimentam negativas por amor, jamais compreenderão o que significa a negação de si próprios. Hoje em dia, chegar à adolescência sem ter desenvolvido adequadamente a capacidade interior de negar-se é positivamente perigoso.

Como é que os adolescentes podem «dizer *não* às drogas» se não estão familiarizados com a palavra «não»? Adesivos nos carros não substituem uma consciência bem formada.

Os tóxicos, o álcool e o sexo são fontes poderosas de sensações de prazer. São tentações difíceis de afastar, mesmo para os adolescentes com grande força de vontade e firmes hábitos de autodomínio. Para um jovem de 14 ou 15 anos com hábitos de autoindulgência apoiados pelos pais ao longo de toda a infância, essas sensações novas e maravilhosas serão praticamente irresistíveis. Desde cedo, essas vidas jovens polarizaram-se nos seus caprichos. Como podem e por que hão de dizer «não» a si mesmas, agora que aparecem ao alcance das suas mãos possibilidades de prazer antes inimagináveis? E não esqueçamos que, à parte os problemas que o álcool e as drogas acarretam por si mesmos, põe-se também em perigo o futuro matrimonial dos filhos.

As crianças que só conheceram o conforto, os divertimentos e a preocupação com as suas próprias coisas, resistem muito pouco às incomodidades e às privações. Isso é notório. Perguntem-no a qualquer professor. Crianças

MODELOS DE DEFORMAÇÃO 51

educadas para serem «felizes» e «realizadas», ao invés de fortes e seguras de si, desorientam-se à hora de enfrentar problemas difíceis ou impossíveis de resolver. As crianças fortes, porém, aprendem a fazer tudo o que podem para resolver esses problemas ou, pelo menos, para conviver com eles, venha o que vier. Os jovens fracos não sabem o que fazer. Esperam que os problemas desapareçam, como de certa forma sempre fizeram. E se os problemas não desaparecem, *serão os próprios jovens* que desaparecerão... Encontrarão alguma forma de escapismo.

A vida no casamento, sobretudo durante os primeiros anos, traz inevitavelmente um bom número de problemas difíceis e até insolúveis. O marido e a mulher, como qualquer ser humano, têm defeitos que podem gerar problemas de vez em quando. Os recém-casados que tenham um caráter forte saberão conviver com esses problemas, superando com a força do amor as dificuldades e os inconvenientes inerentes a qualquer relacionamento humano íntimo. As pessoas de personalidade fraca, porém, tenderão a alardear e a exagerar a gravidade dos problemas e eventualmente a considerá-los insuportáveis. A saída será a fuga através da separação e, se necessário, dos tribunais.

Sacerdotes e conselheiros matrimoniais lamentam o crescente número de problemas banais e insignificantes que parecem estar provocando a ruptura de tantos casamentos. Alguma coisa deve estar arrasando as uniões conjugais. Talvez seja a esperança que os jovens alimentam desde cedo de que a sua vida continuará a ser como sempre foi – confortável e sem atritos. Obviamente, esse tipo de vida não existe, mas parece que a juventude de hoje não tem consciência disso.

3. *Os pais confiam demasiado em que as instituições e as estruturas sociais educarão as crianças no lugar deles.*

Mesmo os pais conscientes de que os seus filhos deveriam receber algum tipo de formação do caráter, estão mal informados sobre a ajuda com que podem efetivamente contar no âmbito extrafamiliar. O apoio que até recentemente estava à sua disposição diminuiu bastante ou desapareceu quase por completo.

Há menos de uma geração, os pais podiam confiar com bastante tranquilidade em diversas instituições que ensinavam os seus filhos a distinguir o certo do errado, e que lhes fortaleciam o caráter mediante uma atividade disciplinada. As escolas católicas e os currículos de formação religiosa estavam imbuídos de um claro sentido missionário e ofereciam uma instrução moral e doutrinal abrangente. Podem ter insistido excessivamente na aprendizagem baseada na memória, mas em última análise atingiam o seu objetivo. As escolas, de um modo geral, exigiam das crianças um esforço proporcionado às suas possibilidades. A sociedade daquela época, com todas as suas falhas, era fundamentalmente decente na sua ética: o que era grosseiramente imoral também era ilegal.

Há algumas décadas, podia-se, portanto, desculpar que os pais deixassem boa parte da educação dos seus filhos por conta dessas instituições. A eventual negligência na formação dentro do lar podia ser compensada pela escola. Por que preocupar-se com o ensino do catecismo em casa, se os professores de religião levavam a cabo esse trabalho profissionalmente? Para que levar as crianças a confessar-se com frequência, se a escola já o fazia habitualmente? Para que preveni-las dos inconvenientes das relações sexuais antes do casamento, se a sociedade inteira as desaprovava abertamente? Por que preocupar-se com o teor de vida dentro das residências universitárias, se os responsáveis por elas atuavam *in loco parentis*, no lugar dos pais, inculcando os mesmos valores vividos dentro de casa?

Criados neste ambiente externo (ou, pelo menos, no que restava dele na década de 1960), os pais de hoje parecem desconhecer as violentas mudanças sociais e morais que ocorreram num ritmo vertiginoso. E, o que é mais alarmante, parecem não compreender em que medida este fenômeno influi no que os seus filhos aprendem ou deixam de aprender fora do âmbito familiar. Aquela confiança de outrora e a benigna negligência paterna e materna das últimas gerações são agora simplesmente inaceitáveis. Hoje, o que as crianças não aprendem em casa também não o aprenderão fora de casa. O resultado final é um vazio moral, doutrinal e disciplinar.

Por outro lado, as estruturas eclesiásticas da educação religiosa estão atualmente gravemente deterioradas. Este tipo de desorientação já se verificou muitas vezes na história da Igreja, em particular nas épocas de prolongada prosperidade. Cedo ou tarde essa situação será superada, como aconteceu no passado. Em muitos lugares, professores de religião conscienciosos continuam a ensinar os tradicionais preceitos morais da Igreja. Mas fora destes casos, de maneira muito mais ampla do que as pessoas suspeitam, difundem-se por toda a parte ideias confusas e aberrações brutais. E este fenômeno atingiu em cheio a presente geração em idade escolar.

Além disso, ao avaliar a situação por qualquer critério objetivo que se deseje, as escolas leigas também não vêm cumprindo o seu dever como antes. Por diversas razões filosóficas e políticas, já não exigem das crianças, de modo sério e com razoável rigor, o desempenho que foi modelo operativo durante décadas. Em tudo, desde o aprendizado da caligrafia até a memorização da tabuada, as crianças eram levadas a formar-se na ideia da responsabilidade com vistas a um determinado patamar de aproveitamento. Infelizmente, o quadro atual mudou.

Para sermos justos, porém, devemos acrescentar que inúmeros professores responsáveis também se veem a braços com as suas próprias frustrações nos colégios em que lecionam. Encontram dificuldades – para usarmos um termo benevolente – quando querem exigir um pouco mais de crianças cuja vida em casa é sufocantemente confortável. Com frequência, pensam com toda a razão que não encontram apoio, por parte das famílias dos alunos, nos seus esforços por incutir-lhes o sentido de responsabilidade nos deveres escolares. Perdeu-se a noção de que, para alcançar êxitos intelectuais, é necessário empregar muito tempo. Demasiadas crianças já não sabem o que significa um semestre escolar.

Quanto à sociedade em geral, houve mudanças drásticas no clima moral. A pornografia tornou-se um ótimo negócio, permitido por lei e apoiado pelo público. As maiores e mais prestigiosas empresas publicam anúncios em revistas pornográficas. E quem teria imaginado, há vinte e cinco anos atrás, que as clínicas abortivas chegariam algum dia a constar das Páginas Amarelas?

O resultado de todas estas mudanças é muito simples: se as crianças não aprendem os valores e a disciplina em casa, dificilmente os aprenderão em outro lugar. E aonde os levará essa situação?

4. *Os pais subestimam o poder do exemplo na vida dos seus filhos. Não reparam que as crianças veem um grande número de maus exemplos e poucos bons exemplos.*

Ao contrário do que acontecia no passado, as crianças de hoje quase nunca veem os seus pais trabalhar, especialmente o pai. O lar gira hoje em torno do conforto e do lazer. Já que os problemas reais do escritório e da vida profissional quase nunca são levados para casa, os filhos não fazem a menor ideia das responsabilidades próprias de um adulto. Os esforços que os pais realizam no cumprimento dos seus deveres profissionais – a braços com o vencimento dos prazos, com problemas difíceis, com chefes e clientes mal-humorados – raramente são presenciados pelos filhos.

Se os rapazes e as moças só veem o pai quando ele está descansando, terão muita dificuldade em ganhar consciência das responsabilidades do homem no mundo «lá de fora». Por outro lado, podem crescer com a ideia de que só se é feliz quando se desfruta do lazer e da diversão, e não por meio dos bons resultados de um trabalho bem feito. O mundo do trabalho dos adultos transforma-se assim numa entidade desconhecida, vagamente ameaçadora, que se ergue num futuro distante. Não é um grande estímulo para desejar crescer.

Se os pais, no gozo de uma vida de comodidades e aparentemente alheia a preocupações e lutas, não mostram aos filhos demasiado esforço pessoal, quem o fará? Quem são os heróis dos seus filhos? Quem são as pessoas estranhas à família que encarnam a força de caráter, as figuras que a sociedade apresenta às crianças como modelos para servir-lhes de incentivo?

Durante séculos, a nossa cultura propôs aos jovens, como modelos de imitação, personagens que realizaram grandes feitos em suas vidas ao cumprirem as suas obrigações. Procediam do Antigo e do Novo Testamento, da história universal e nacional, da literatura. Em primeiro lugar, Nosso Senhor Jesus Cristo e a sua Mãe, a Santíssima Virgem Maria; o jovem pastor Davi, os santos, os missionários, Joana d'Arc, os heróis da sua pátria, e tantos outros. Por pendor natural, os jovens, e aliás todos nós, imitamos as pessoas que admiramos.

Se vocês pensam que os seus filhos vivem falando desses heróis históricos e dos seus feitos, estão muito enganados. Perguntem às crianças sobre essas figuras e verão por si mesmos. Perguntem-lhes a quem admiram.

Quais são, então, as figuras que os jovens de hoje realmente admiram? Cada vez mais, e de modo quase exclusivo, procedem dos espetáculos artísticos – músicos, humoristas, atores e personagens da televisão e especialmente os cantores de rock. Com muita habilidade, a televisão e as gravadoras envolveram essas figuras na aura do poder conquistado sem esforço, uma mística intensamente atrativa para as crianças que já não têm mais ninguém a quem admirar. Tais figuras irradiam tudo aquilo que os adolescentes aspiram a ser: populares, livres, oniscientes, completamente autoconfiantes; numa palavra, poderosos.

Obviamente, «poder» não é a mesma coisa que «virtude»; mas muitos jovens, ignorando a diferença, acham que são palavras bastante próximas.

É difícil exagerar o alcance desses falsos exemplos, saturados de erotismo, rebelião e irrestrita autoindulgência. A nossa experiência tem demonstrado que os jovens cujos pais não lhes inspiram uma admiração profunda são os primeiros a mergulhar de cabeça na cultura do rock, com tudo o que ela implica. Os jovens que veem os seus pais como simples «consumidores», permissivos e amantes obsessivos do conforto, entregam-se prontamente ao caos alegre e libidinoso dessa cultura. Os cantores são para eles, no mínimo, figuras interessantes.

Os adolescentes que nunca aprenderam a distinguir entre *moda* e *moral* (isto é, entre os costumes socialmente aceitáveis em oposição àqueles que sempre estarão errados) chegam a modelar-se inteiramente segundo o padrão do roqueiro: tipo de penteado, roupas, sexo, drogas, preguiça militante, palavras resmungadas e sem sentido, tudo.

Nenhum adolescente está hoje completamente livre da influência dessa cultura. A música e as suas figuras mais destacadas chegam a toda a parte. Mas os jovens que adquiriram um caráter firme (ou seja, os jovens que respeitam os evidentes esforços dos seus pais e de outros adultos) estão muito menos dominados pelos atrativos da cultura do rock. Até certo ponto, podem adotar o tipo de penteado e as roupas. Podem escutar um sem-fim de discos e preferir uma banda a outra. Mas normalmente sabem que tudo não passa de uma montagem teatral e fogem do que sabem que está errado.

O que queremos enfatizar aqui é a diferença essencial entre esses dois grupos de adolescentes: a presença ou ausência de respeito pelos pais como guias morais. As crianças que sempre respeitaram a força moral dos seus pais permanecem praticamente imunes à influência da cultura da droga e do sexo. As crianças que nunca experimentaram a força dessa liderança, exercida mediante a palavra e o exemplo, tornam-se presa fácil.

E o que acontece nos lares em que só está presente um dos pais? Que esperança pode ter um pai heroico – ou normalmente uma mãe heroica – que luta por educar bem os seus filhos, apesar de todas as dificuldades? A nossa experiência a este respeito, por surpreendente que possa parecer, é bastante animadora.

Num lar em que só está presente um dos pais, é muito mais provável que as crianças presenciem o seu sofrimento, o sacrifício pessoal, a coragem moral, a confiança no auxílio de Deus e os esforços sérios que faz por formar o caráter e a consciência dos filhos. A vida é muito dura para as mães separadas ou viúvas. Mas o seu exemplo de fortaleza e de amor heroico pode influir profundamente na estrutura moral dos filhos. Há muitas razões para ter esperança. Neste ponto, como em outros temas abordados neste caderno, tudo depende do caráter dos pais.

Em resumo: que fazer?

Dissemos no início que não existem respostas fáceis para as questões aqui suscitadas. O nosso intuito era provocar uma reflexão séria e o diálogo entre os pais, condições indispensáveis para a definição da estratégia a seguir.

Talvez os leitores tenham concluído que chegou a hora de reformar alguns aspectos da sua vida familiar. Os seus filhos precisam de uma formação mais deliberada do caráter. A partir desta conclusão, que caminhos devemos escolher? Que podemos fazer?

Aqueles que os poderão ajudar melhor – com conselhos apropriados para cada caso concreto e tendo em vista as circunstâncias pessoais – são outros pais, mais experientes, que vocês terão de procurar por si mesmos.

Da minha parte, o que posso fazer aqui é oferecer-lhes alguns princípios e linhas gerais, na maioria já implícitos no que se leu. Trata-se de recomendações que vocês devem ler e reler, comentando-as e detalhando-as para aplicá-las à sua família. Com esses conselhos e com as opiniões sensatas dos seus amigos, poderão concretizar o melhor modo de agir daqui por diante.

Eis o que recomendamos em termos gerais:

1. *Rezem muito pelos seus filhos.*

Ao fim e ao cabo, os seus filhos pertencem a Deus. Foi Ele quem os criou. Ele os ama mais do que vocês. Os filhos só lhes foram «emprestados» por Ele. Algum dia, chamá-los-á de volta. Até lá, confia-os aos seus cuidados e só lhes pede uma coisa: façam o melhor que possam para torná-los verdadeiros amigos dEle.

Vocês não o conseguirão sozinhos. Precisam da contínua ajuda do próprio Deus e, como Ele repetiu diversas vezes, é necessário pedir sem desanimar. Portanto, recorram com toda a confiança à oração.

A melhor coisa que vocês podem ensinar aos filhos é o hábito de fazerem oração pessoal. As crianças que aprendem desde pequenas a confiar em Deus e a amá-lo, muito raramente perderão o rumo certo e, se saírem do caminho, não será para sempre nem por muito tempo.

De qualquer forma, ao completarem 14 anos, estarão praticamente fora do controle dos pais. Encontrar-se-ão por inteiro nas mãos de Deus. Serão conscientes dessa realidade?

2. Construam, trocando ideias entre os dois, um retrato bem delineado do tipo de adultos que, com a ajuda de Deus, desejam que os seus filhos se tornem no futuro.

Quando chegarem aos 20 anos de idade, que espécie de caráter manifestarão no cumprimento dos deveres religiosos, no conhecimento do certo e do errado, no autodomínio, no relacionamento social, na firmeza dos juízos, na tenacidade pessoal? O que a futura esposa ou o futuro marido e os amigos deverão admirar neles?

Tendo essa imagem em mente, desçam aos detalhes da sua vida familiar atual. Depois, mãos à obra. Se retiverem esse quadro, se o aperfeiçoarem com o tempo e o apoiarem na oração, terão percorrido mais da metade do caminho.

3. *É inevitável que, ao procederem assim, vocês vejam que têm muito que corrigir na sua vida pessoal.*

Tomarão consciência da imagem que apresentam aos olhos dos seus filhos – pelo modo como vivem os seus compromissos religiosos, o autodomínio, o discernimento entre o certo e o errado, e tudo o mais. Não desanimem ao verem tudo o que lhes está faltando.

Afinal de contas, as crianças não procuram nos seus pais a vitória ou a perfeição. Ainda não são sequer capazes de avaliar essas coisas. O que com certeza elas percebem, respeitam e admiram cada vez mais é ver que vocês *tentam* acertar. Este desejo honesto de melhorar exige força e, não poucas vezes, coragem; mas é exatamente esta luta contínua o que atrairá a admiração dos seus filhos, não os resultados. Num sentido muito real, *eles* serão o resultado. E, se Deus quiser, poderão chegar a superar os seus pais na força do caráter, e talvez até em santidade.

4. *Confiem na autoridade que lhes cabe.*

A paternidade não é um cargo eletivo. Vocês não devem preocupar-se em ganhar «popularidade» diante dos filhos. A tarefa de formá-los traz consigo o direito de mandar. Embora de vez em quando vocês desconfiem de que uma ou outra das suas decisões não foi acertada, o seu direito de tomá-las é indiscutível. As crianças às vezes ficarão irritadas com a posição que os pais tiverem de assumir, mas acabarão por respeitá-la e por respeitá-los. Além disso, os atritos são úteis para suavizar as superfícies ásperas, que assim ganham o polimento da perfeição.

Quando tiverem de corrigir os seus filhos, pensem que lhes estão construindo a firmeza de caráter e a felicidade para o resto da vida. Deste modo, não corrigirão simplesmente para ficarem em paz e tranquilos aqui e agora, isto é, por conveniência própria. Corrigir em benefício da própria conveniência leva os pais a impor regras pouco claras, a aplicar castigos e conceder prêmios inconsistentes, e a permitir que os sentimentos influam demasiado no juízo moral sobre o comportamento dos filhos.

Um controle *ad hoc* da conduta das crianças pode funcionar relativamente bem enquanto são pequenas. Quando chegam à adolescência, essa atitude não tem o menor efeito. Pensar a longo prazo implica um trabalho mais duro enquanto os filhos são jovens, mas a recompensa virá quando eles crescerem.

Em outras palavras, procurem conquistar o respeito dos seus filhos, e não simplesmente o seu afeto. As lágrimas secam e as pequenas mágoas desaparecem com o tempo; o que deve permanecer é o respeito à firme e carinhosa autoridade dos pais. Sem este respeito, os filhos terão problemas mais tarde, ao encontrarem qualquer outra autoridade: a lei de Deus, os professores e empregadores, a lei civil e até os ditames da sua própria consciência. E não estou exagerando.

Se é um pouco cansativo exercer a autoridade deste modo, lembrem-se de que é para o bem dos filhos: a pior tirania que os filhos poderiam vir a sofrer seria a incapacidade de se controlarem a si mesmos. Nada causa maior angústia aos adolescentes do que sentirem-se incapazes de dominar algum aspecto da sua vida.

5. *Expliquem aos filhos mais crescidos que vocês confiam na «integridade» deles, mas nem sempre na sua capacidade de «juízo».*

Esta distinção é importante. A menos que eles lhes deem razões para pensar de outra forma, vocês sempre confiarão na sua honestidade e boas intenções. Mas também devem estar atentos para que não causem sérios danos a si próprios por inexperiência ou imaturidade de juízo, do mesmo modo que também eles não confiariam os seus frágeis objetos de valor aos irmãos e irmãs mais novos.

Expliquem-lhes com calma que vocês confiam plenamente em que, com o passar do tempo, eles crescerão em experiência e maturidade nas decisões. Digam-lhes que vocês aguardam esse momento, mais ainda, que literalmente mal conseguem esperar por ele. Até lá, contudo, são vocês que deverão exercer o controle. Quando eles mostrarem uma responsabilidade amadurecida, vocês lhes darão uma liberdade proporcionada, mas não antes.

A chave aqui é manifestar aos filhos as expectativas que vocês alimentam em relação a eles. Mostrem-lhes claramente que não desejam nem esperam que eles permaneçam como criancinhas «protegidas». Pelo contrário, querem que se tornem homens e mulheres fortes e confiantes antes dos vinte anos, e já estão muito orgulhosos das forças morais que estão visivelmente crescendo dentro deles. Vocês confiam em que, com a ajuda de Deus, eles em breve serão adultos responsáveis, que vivem de acordo com os princípios cristãos e que por isso podem servir os outros.

EM RESUMO: QUE FAZER?

6. *Façam os seus filhos esperar para receber o que pediram*. Se for possível, façam-nos merecer o que querem ter.

Em outras palavras, ajudem-nos a viajar com «pouca bagagem» pela vida, na certeza de que podem viver graças aos seus próprios talentos, à sua criatividade e ao seu paciente e ordenado aproveitamento do tempo. Aquele que precisa de poucas coisas materiais sempre é rico. Ajudem-nos a perceber que o conforto e as comodidades são apenas um resultado adicional do êxito na vida, não o seu objetivo.

Uma das coisas mais úteis que vocês podem dar aos seus filhos é uma agenda. Ensinem-nos a fazer um plano de atividades, a marcar a passagem do tempo, a ver as relações entre causa e efeito. Ensinem-nos, em outras palavras, que se não tentamos controlar os acontecimentos, serão os acontecimentos que nos controlarão. Quando os seus filhos aprenderem que as negligências e os erros podem ter graves consequências, terão aprendido o que é a responsabilidade.

7. *Ensinem-nos a ter compaixão e consideração pelos outros.*

Nunca tolerem murmurações dentro de casa. Quando eles se sentirem tentados a pensar mal de alguém, ajudem-nos a compreender os problemas e os pontos de vista alheios. Tantas brigas neste mundo são causadas por mal-entendidos. A caridade não consiste em doar roupa velha, mas principalmente em compreender com compaixão.

8. *Ensinem-nos a ser agradecidos. Esta é a base e o fundamento da piedade.*

«Por favor» e «muito obrigado» devem ser expressões habituais. As crianças devem respeitar os direitos e a dignidade de todos, especialmente dos que exercem alguma autoridade. Peçam-lhes com frequência que rezem pela família e por todos os que passam necessidade. Nada é mais grato a Deus do que a oração das crianças, e a oração é na verdade a única contribuição significativa que elas podem prestar na idade em que estão. Mostrem-lhes quanto vocês valorizam o relacionamento que elas têm com Deus.

9. *Procurem com interesse o conselho experiente de outros pais.*

Pode ser-lhes muitíssimo útil. Na sua paróquia ou no seu bairro, vocês poderão encontrar pessoas que, sem dúvida, educaram bem os filhos. Tornem-se amigos dessas famílias e perguntem-lhes com franqueza como conseguiram vencer os obstáculos.

À semelhança de muitos outros pais, vocês também verão que as conversas em grupo para ventilar os temas da educação dos filhos são amenas e esclarecedoras. Ao menos, são uma fonte de esperança. Com o tempo, será a vez de vocês transmitirem a sua própria experiência. Acreditem: muitos casais jovens, certamente mais do que vocês pensam, olharão com inveja e admiração para a vida familiar que vocês construíram.

10. *Por fim, tenham confiança em que acabarão por ter êxito.*

Uma dedicação séria à tarefa de formação do caráter dos filhos já é uma vitória substancial. A luta por conseguir que os filhos sejam felizes aqui na terra e eternamente no céu é longa e árdua, mas vocês já ganharam a primeira batalha decisiva. Cometer um ou outro erro tático é menos importante do que estabelecer uma estratégia clara e bem definida. Enquanto tiverem as ideias bem claras, poderão até permitir-se o luxo de cometer pequenos erros.

Sejam realistas a respeito das forças que ameaçam os seus filhos, mas não adotem uma «mentalidade de trincheira», sempre defensiva. A sua tarefa não consiste em defender os filhos do mal, mas em torná-los fortes para que saibam combatê-lo ao longo das suas vidas.

Depositem toda a sua confiança em Deus, no seu próprio bom senso e no conselho de pessoas inteligentes que compartilhem com vocês os mesmos princípios. Milhões de pais antes de vocês não tiveram nenhuma outra arma e triunfaram na educação dos filhos. Vocês também podem.

Os seus filhos devem ver que vocês enfrentam com toda a confiança este desafio e que encaram positivamente e com alegria a aventura de levar uma família para a frente. É agradável conviver com pessoas seguras de si mesmas. Tendemos naturalmente a imitá--las. Se os filhos virem os seus pais felizes na sua fé e fortes nas suas convicções, terão um modelo para as suas próprias vidas, quando forem adultos. O caráter forte que encontrarem em vocês será a medida com que julgarão o mundo que os rodeia.

Direção geral
Renata Ferlin Sugai

Direção editorial
Hugo Langone

Produção editorial
Gabriela Haeitmann
Ronaldo Vasconcelos

Capa
Gabriela Haeitmann

Diagramação
Sérgio Ramalho

ESTE LIVRO ACABOU DE SE IMPRIMIR
A 04 DE ABRIL DE 2022,
EM PAPEL IVORY 75 g/m².

IMPRESSÃO:

Santa Maria - RS | Fone: (55) 3220.4500
www.graficapallotti.com.br